児玉光雄

才能をグングン伸ばす子育て

「イチローの言葉66」から学ぶ

水王舎

はじめに

この本との出会いがあなたのお子さんの運命を変えるかもしれません。あなたのお子さんが日々進化し続けるために不可欠なノウハウを、全部で70項目にわたって紹介しています。

2001年シーズンにイチロー選手がメジャーデビューして以来、私は専門分野である臨床スポーツ心理学の観点から、イチロー選手の心理・行動パターンを分析してきました。そして、その成果をこれまで多くの本にまとめてきましたが、お子さんの保護者向けに書かれたイチローに関する書籍は本書が初めてとなります。

何事にも全力で取り組み、それを日々着実に持続させる——。

こうしたイチローの姿勢を学ぶことにより、あなたのお子さんも、自分が本来保持している潜在能力を目一杯引き出すことができると私は確信しています。

「努力」とは、「才能の種子」に水と栄養を与え続ける作業です。いくら才能に恵まれて

いても、努力を怠ったら「才能の種子」はすぐに枯れてしまいます。

「努力」という言葉には、どうしても「やらされ感」や「不承不承」といった好ましくない響きがつきまといます。しかし、努力をすることによって日々着実に自分が進化する手応えを感じ取ることができれば、それが快感になって、日々の勉強や部活動、習い事にも、ぐんぐんのめり込めるようになるのです。

最近、心理学のテーマとして「マインドセット」という言葉が注目を浴びています。この言葉は「心の持ち方」とか、「心の在《あ》り方」という意味です。つまり、同じ状況でも「心の持ち方」次第で、面白くない作業も面白いものに簡単に変えることができるのです。

イチロー選手の凄いところは、逆境になればなるほどやる気を高めて何事にも全力で取り組めるという姿勢です。それどころか、逆境から何かをつかみとって飛躍のヒントにしてしまうのです。

あるとき、イチロー選手はこう語っています。

「感覚を失った時、結果が出ない時、どういう自分でいられるか。それが一番大事なのです。（中略）逆風は嫌いではないですし、あったほうがありがたいです。どんなときも逆

風がなければ次のステップへは行けませんから。そういうのは大歓迎ですね」

この本に収録されているイチロー選手のマインドセットのノウハウを、是非お子さんに伝えてください。お子さんが、イチロー式の思考・行動パターンを身につけることができれば、短期間で劇的に心の持ち方を変化させ、勉強や部活動で大きな成果を挙げることができるようになるでしょう。

2018年4月

児玉光雄

才能をグングン伸ばす子育て～「イチローの言葉66」から学ぶ～◉目次

第1章 子どもの「夢」を叶えてあげよう！

第2章 人生を切り開くイチロー式「習慣」

第3章 面白いように「上達」する技術

第4章 退屈な「練習」がこんなに楽しくなる！

第5章

「本番」よりそれまでの「準備」が大事!?

第6章

「やる気」を高めるスキルを教えよう

第7章 「スランプ」を乗り切るとっておきの方法

第8章 「もうやりたくない」と子どもに言われたら

第9章

「不安」や「恐怖」に負けない心の整え方

第10章

「自分」を信じることのすごいパワー

第1章

子どもの「夢」を叶えてあげよう!

教えのポイント❶

未来をリアルに描く

常に先のことを予測する習慣を身につけるのは、大事だと思います。

願うだけでは夢は叶わない。

（2002年シーズン終了後、「自分が大事にしていること」について語った言葉）

未来を夢見て努力を積み重ねよう。

イチローは、すでに起こったすべての出来事をきれいさっぱり忘れて、常に目を未来に向けられるからすごいのです。

子どもに、5年後、10年後の成長した自分の姿をリアルに脳裏に描くことの大切さを説いてください。ただし、それが夢を描くだけの作業に終わってしまえば、ただの夢を夢見る夢想家で終わってしまいます。それでは進歩も飛躍も望めないのはいうまでもありません。

巷には「願えば夢は叶う」という内容の本が溢れ返っています。しかし、願うだけで夢が叶うならこの世の中は成功者だらけのはず。しかし、現実はごくひと握りの成功者しか存在しません。もちろん、私は願うことの意味を否定しているわけではありません。願うことにより、行動力が身につき、その行動こそが私たちを夢に連れていってくれるのです。

つまり、「未来志向」とは、ワクワクするような自分の将来像をできるだけリアルに、しかも頻繁に描いてそれを実現する行動を起こすことを言うのです。**子どもを「夢見る行動家」に育てましょう。**

教えのポイント❷

ビッグな夢を持つ

僕の夢は一流のプロ野球選手になることです。（中略）だから1週間中、友達と遊べる時間は5～8時間の間です。そんなに、練習をやっているんだから、必ずプロ野球選手になれると思っています。

（小学6年生のときにイチローが書いた「夢」という作文の冒頭の部分（原文のまま））

夢の大きさが人生を決める。

「将来の夢」は変わってもいい。「夢」を持ち続けることが大事。

一流のスポーツ選手ほど小さい頃に壮大な夢を描いています。私は、夢の大きさがその人の人生を決めるという考えを持っています。

残念ながら、一握りの成功者やトップアスリート以外の99%の人間は自分のことを過小評価しています。

親の大切な役割は、子どもに、「どうせなら、大きな夢を持ちなさい。お前はその大きな夢を実現することができる」と頻繁に励ましてやることです。それだけでなく、精一杯子どもがその夢に向かって行動する手助けをしてあげること。

子どもが小さい頃には、「大リーガーになりたい」、「レアル・マドリードに入って活躍したい」といった単純な〝憧れ〟が夢であっていいのです。年齢を重ねるうちにその夢は「一流商社に就職したい」「カリスマ美容師になりたい」といった、より現実的な夢に変わっていくはずです。

大切なのは、壮大な夢を持ち続けて、それを実現するための行動を起こすことなのです。

教えのポイント❸

自分は何をしたいのか

自分自身が何をしたいかを、忘れてはいけません。

一生を捧げるものを見つけよう。

（2004年、シーズン最多安打のメジャー記録を更新して語った言葉）

「自分は何をしたいのか?」について真剣に考えよう。

子どもが小さいうちから「自分は何をしたいのか」について考えることはとても重要です。自分がほんとうにしたいことを見つけた子どもは、それに脇目も振らずに熱中します。子どもの脳内に没頭モードの回路が生じ、食事や睡眠時間も忘れて集中します。それがピアノを弾くことなら、結果的にそのスキルが格段に向上し、自分の好きなことに一生を捧げることができる幸福な人生を歩むことができるようになるのです。

周囲の人たちは、「〇〇ばっかりしていないで……!」と、あなたのお子さんにいろいろ言ってくるかもしれませんが、彼らはそもそも他人のことなんて考えていないし、言ったことに責任を負ってもくれません。みんな自分のことで精一杯。だから、自分の人生は自分で決めることが大切なのです。

イチローは今も自分の「したいこと」である野球に没頭し、もっとうまくなりたいと練習に励んでいます。**それでもスランプはやって来ます。そんなときこそ自分がしたいことを忘れず、ベストを尽くす。**そういう姿勢を貫けば、あなたの子どもも間違いなく一歩一歩上達できるのです。

教えのポイント❹

潜在能力を引き出す

完璧になれないとはわかっていますが、それに向かっていこうと思うのが野球選手だと思います。

（仕事への心構えについて語った言葉）

自己イメージを広げる。

ちっちゃい器には
ちっちゃい夢しか
入らない

「ちっちゃい自分」には「ちっちゃい夢」しか実現できない。

私たちは自分を過小評価しがちです。自分の評価基準が過去の人生に基づいているため、自己イメージが小さいままになっているのです。これをバージョンアップする必要があります。

努力は蛇口から流れ出る水にたとえることができます。自己イメージはそれを蓄える容器です。そして、その容器に蓄えられる水の量がその人間の成果です。

私たちは容器の容積以上の水を蓄えることは不可能であることを知っています。だから、努力する前に、自己イメージという容器の容積を大きくすることが大切なのです。

「あなたにはもっとすごいことをやってのける才能が備わっている!」といったメッセージを頻繁に子どもに送り続けてください。「完璧」に向かっていこうとするイチローのように、自己イメージを大きく広げてあげましょう。

子どもの努力が形となって報われるだけでなく、すごい潜在能力を引き出すためにも、自己イメージの書き換えは必須の作業なのです。

教えのポイント⑤

チャレンジ精神

近道はもちろんしたいです。（中略）一番の近道は、遠回りをすることだっていう考えを、いまは心に持ってやってるんです。

楽な道を選ばない。

（野球への取り組み方について語った言葉）

難しい課題に果敢にチャレンジする子どもに育てよう。

　イチローが類《たぐ》いまれなるヒットを量産する才能を身につけたのは、ほかの選手が避ける難しい課題に果敢にチャレンジしていったからです。現代社会では、「効率化」とか「省エネ」といった言葉がもてはやされています。しかし、こと才能を獲得することについて言えば、愚直に、ただひたすら目の前の作業にのめり込まない限り不可能です。

　そもそも**子どもの頃に努力することなく獲得できる才能なんてたいしたものではなく、大人になってからはたいてい使い物になりません。**「子どもの頃にもっと努力しておけばよかった」といくら悔やんでも後の祭です。

　何不自由なく暮らしていける現代社会が、本来人間に備わっているはずのチャレンジ精神を葬り去っているといえます。人間は、努力せずに欲しいものを手に入れることを覚えたら、もはや情熱を持って困難な課題に取り組もうとしなくなる動物なのです。

　誰もが避けるようなイバラの道にしか宝の山は存在しません。ぜひ**子どもの心の中に、「火中の栗を拾う精神」を育むことに尽力して欲しいのです。**

教えのポイント❻

有言実行

言ってもらえば、センター返しはいつでもできます。

宣言したから必死で取り組める。

（愛工大名電高校に入学して野球部の中村 豪《たけし》監督との初対面で語った言葉）

困難な目標をみんなの前で宣言しよう。

愛工大名電高校に進学して初めて野球部の中村豪監督（当時）に面会したとき、イチローは平然とした表情を浮かべて、右のように語ったそうです。

これを聞いた中村監督は少々むきになってこう言い放ったといいます。

「それならワシの前で打ってみろ！」

中村監督が指名した3年生のピッチャーが投げてくる球の約7割をイチローはセンターに弾き返したといいます。

イチローの天才を物語るエピソードの一つですが、見方を変えれば、あえて困難なことをやってみせると宣言して自分を引くに引かれぬ状態に追い込むことで、イチローは自らのすごい潜在能力を引き出すことに成功したとも考えられるのです。

どんな小さな目標でもいいから、あなたの子どもに実現したい夢を紙に書く形で宣言させ、それを実現する行動を起こすことの大切さを伝えてください。子ども自身が作成した目標を本人が宣言することにより、程よいプレッシャーがかかり、自然に子どもに行動力がつくようになるのです。

教えのポイント⑦

引き寄せの法則

これは、ほんとうに必要なものだな、と思ったら、無理してでも手に入れたいというのが、僕の考えなんです。

「行動」が「欲しいもの」を引き寄せる。

（自分の信条について語った言葉）

いつまで頑張ればいい? 欲しいものが手に入るまで。

あなたは『引き寄せの法則』を知っていますか? 「注意と意識とエネルギーを向けるものは、よいことであれ、悪いことであれ、現実のものとなって現れる」という成功方程式です。

しかし、「注意と意識とエネルギーを向ける」だけで夢が現実となるなら、この世の中は成功者だらけです。しかし、現実はそうではありません。そこに、行動を伴う必要があります。つまり、欲しいものを明確に意識し、それを手に入れるための行動を起こせば、欲しいものは手に入るということなのです。

それでは欲しいものを手に入れるにはどのくらい頑張ればいいのでしょう? 答えは、「欲しいものが手に入るまで」です。

あなたの**子どもに欲しいものを一つだけ決めさせて、ただひたすらそれを手に入れるための行動を起こすことを促してください。**そうすれば、たとえ最終的に欲しいものが手に入らなくても、子どもは努力を積み上げるという人生を成功に導く才能を獲得できるのです。

教えのポイント❽

イメージを働かせる

ボールというのは、バットに当たったときに捉えるのではなく、投手の手から離れたときに捉えるものなんです。

イメージ力で勝負する。

（自分のバッティング論について語った言葉）

イメージ力を鍛えることにより、子どもの脳は進化する。

なぜイチローがヒットを量産できたか。その大きな要因の一つが「イメージ力」であることは間違いありません。「投手の手から離れたときに」ボールを捉えることができるのは、まさにイメージ力のなせる技です。

つまり、ピッチャーの投げたボールがホームベースに届く前に、すでにイチローはイメージの中でヒットを打っているのです。実際にバットでボールを打つことは、そのイメージをただなぞる作業に過ぎません。

同じ時間勉強や部活動をしても、他の子より成績のよい子の共通点は、イメージ力の使い方にあります。

たとえば、長文の読解問題を、イメージを働かせて読めば、脳が重要な箇所とそうでない箇所を選別してくれます。あるいは部活動の野球やサッカーにおいては、イメージ力を働かせることにより、ボールを遅く感じることができるのです。

脳のイメージ力を徹底的に鍛えることが、子どもの能力をワンランク上に引き上げてくれるのです。

教えのポイント⑨

達成意欲

突出した実力者になるには、長い間、安定した成績を残さないといけません。

何かを成し遂げたいという強い意欲を持つ。

（自分が目指していることについて語った言葉）

イチローの世界記録!!
❶最多安打数（日米通算4257安打・2016年）
❷メジャールーキー最多安打（242安打・2001年）
❸メジャー年間最多安打（262安打・2004年）
❹オールスター史上初ランニングホームラン（2007年）
❺メジャー最多10度のシーズン200安打達成（2010年）
❻メジャー最長10年連続シーズン200安打達成（2001～2010年）

「突出した実力者」になる人の3つの共通点。

２０１８年シーズンから、イチローは古巣のマリナーズでプレーすることになりました。メジャーでの17年間のキャリアは、打率3割1分2厘を誇り、メジャー通算３０８０本安打は歴代21位。イチローが長期間安定した成績を残し、まさに「突出した実力者」になりえたのは、強烈な達成意欲によるものだと、私は考えています。

達成意欲に関する研究の権威であるハーバード大学のデビット・マクルランド博士は、達成意欲の強い人間の３つの共通点を挙げています。それらは、以下の通りです。

①卓越した達成水準を設定してそれに挑む。
②自分なりの独自のやり方で達成しようとする。
③長期間かかるような達成に取り組み、その達成を期待する。

これら3つのポイントをあなたの子どもにわかりやすく説明してください。
すぐには意味がつかめなくても、**毎日自分のやるべきことをコツコツと積み上げていくうちに、次第にその真意がわかるようになるでしょう。**

第 2 章

人生を切り開く
イチロー式「習慣」

教えのポイント⑩

習慣の大切さ

結局は細かいことを積み重ねることでしか頂上には行けない。それ以外に方法はないということですね。

単純作業をコツコツ続けられる人間になろう。

（2004年にジョージ・シスラーのシーズン最多安打記録を破った後の記者インタビューで語った言葉）

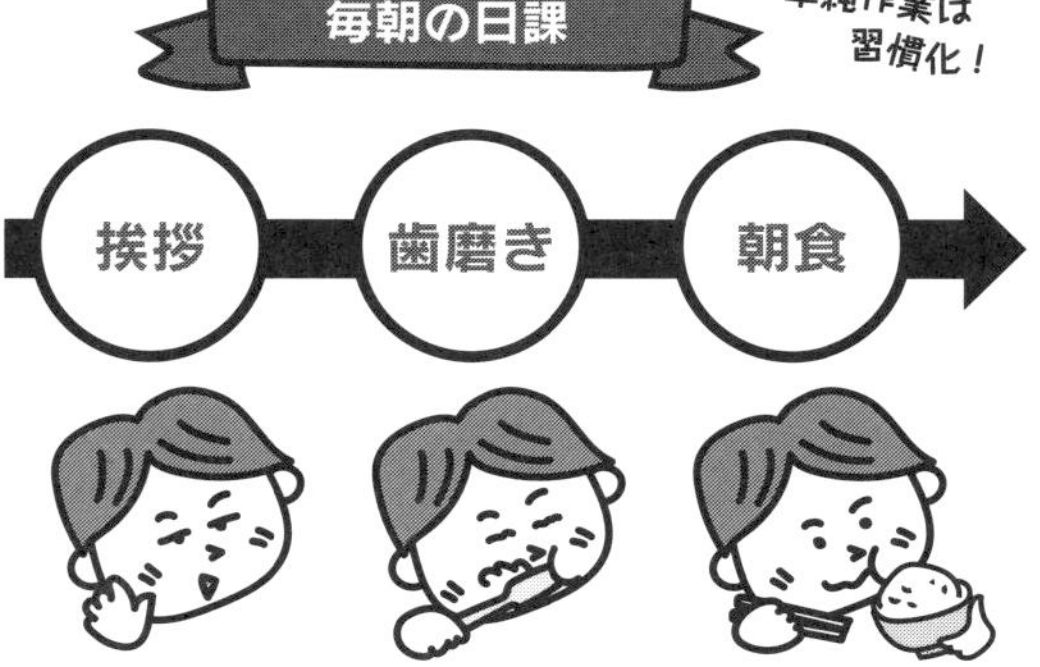

単純作業が苦でなくなる「習慣化」の魔法。

面白くない作業を日々欠かさずやることは簡単なようで案外難しいものです。でも、面白くない作業を苦労せずに続けられる、とっておきのコツがあります。作業そのものを「習慣化」させればよいのです。

それは、ちょうど、朝起きたあとに歯磨きするような感覚です。このように作業を習慣化させれば、脳はそれを実行するプログラムを自動的に出力してくれます。勝手に体が動いて、やらなくてはいけないことが、いつの間にか終わっているということになるのです。

延々と同じ作業を習慣化して繰り返すことにより、その作業は洗練され、その人の〝得意技〟となります。「1万時間の法則」は覚えておいてよい成功法則です。ただひたすら一つの作業に1万時間かければ、誰でもひとかどのスキルを手に入れられるというのです。

習慣化の手始めとして、それこそ、歯磨き、挨拶など、日常生活の作業の習慣化からスタートしてもよいでしょう。コツコツやることが苦手な子どもには、特にこの「習慣化」が役立ってくれます。

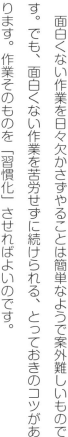

教えのポイント⑪

目標の定め方

僕は子どものころから、目標を持って努力するのが好きなんです。

「数値化」のパワーでやる気がアップ。

（オリックス時代に「野球の練習は好きか？」と記者に聞かれて答えた言葉）

目標を設定するときには数字を入れる習慣をつけよう。

目標が心の中に意思を育て、その意思が私たちに行動を起こさせます。そして、その行動こそが、私たちを夢に連れていってくれるのです。

私の専門分野のスポーツ心理学において「数値化」はとても重要なキーワードの一つです。目標を「数値化」することによって、アスリートたちは、強力なパワーを発揮できることがわかっているからです。

目標設定の最大の意義は、達成を可能にすることではありません。もちろん達成することに越したことはありませんが、やる気、つまりモチベーションを最大化させることにあります。

こんな例があります。ヨット競技のコーチが、「もっと強くロープを握れ!」と選手に向かって叫びます。これでは選手は強い力でロープを握れません。「あと10秒間だけ強くロープを握れ!」と叫んで初めて、選手は思い切り強くロープを握る気になるのです。

数値化するだけで面白くない勉強や部活動も頑張れるようになります。目標が具体化でき、やる気が高まるのです。

教えのポイント⑫

プロの姿勢

どんなに難しいプレーも、当然やってのける。これがプロであり、僕はそれにともなう努力を人に見せるつもりはありません。

努力は黙々と人知れずやるもの。

（オリックス時代の記者に「プロフェッショナルの定義」について聞かれて）

いいと思ったことはすぐやってみよう。

愛工大名電高校時代のイチローにこんなエピソードがあります。ある日野球部の合宿所に幽霊が出たという噂が広まります。夜トイレに立ったチームメイトが用を足しているときに外でビュンビュンという音がして、それを幽霊だと思って、翌朝チームメイトに話したのです。その正体はイチローが素振りをしていたバットの音でした。

なぜ、イチローが深夜にバットを振っていたのか？　実は、イチローは眠りについてしばらくしてから、自分がバットを振っている夢を見たのです。思わず目が覚めた。そこで「その夢の続きを試してみたくて、ただ外に出て素振りをしただけだ」と、彼は語っています。

これが「並」の選手なら、翌朝やればいいやと思って再び眠りにつくはずです。しかし、イチローは飛び起きて即座に試してみた。

子どもに、「すぐに行動を起こすことの大切さ」の例として、このエピソードを聞かせてあげてください。思ったことを行動に移さずに終われば、ただのゼロ。行動に移すことで、無限につながる扉が開かれるのです。

教えのポイント⑬

変化する

前に進んでいるとは限らない。後ろに行っても、ちがう自分ですからね。

昨日とは違う自分に出会う。

（自分の野球観について語った言葉）

日々自分が変わっていく。そのことに関心を持とう。

イチローは、他人と競い、他人と自分を比較することをとても嫌がります。現代は典型的な「競争社会」です。受験でも模擬テストの順位がすべての評価基準になります。あるいは、スポーツの世界においても勝ち負けという結果が最優先されます。

イチローのすごいところは、そんな他人との熾烈な競争を客観視し、むしろ日々自分が変わっていくことに強い関心を持っている点です。

他人と比較することにこだわると、**いつも〝勝った負けた〟の一喜一憂が生まれ、モチベーションを不安定にします。とくに小さい頃は、感情的にとても不安定な子どもになってしまう危惧もあります。**

イチローの言葉にあるように、うまくいかなくても、たとえ後ろに戻っても、いいのです。それでも違う自分に出会えるのですから。もっと言えば、うまくいかなかったから、次に飛躍できた、ということだって起こるのが人生です。だから行動を恐れない。行動は安定したモチベーションを維持させるだけでなく、子どもの感情面の安定にも貢献してくれるはずです。

教えのポイント⑭

本番での心構え

そもそも気楽に打席に立ちたいとは思っていませんからね。

「緊張感」と「緊迫感」の違いを知る。

（8年連続200安打を達成したシーズン後に語った言葉）

「緊迫感」を味方にして集中力を高めよう。

一時期、アスリートの間で「ゲームを楽しんできます」というメッセージが流行ったことがありました。しかし、オフタイムのようにリラックスして、楽しんで勝てるほど真剣勝負は甘くありません。緊張せずリラックスしたい気持ちはわかりますが、本番で「気楽に打席に立つ」ことは許されません。

「緊張感」と「緊迫感」は分けて考える必要があります。緊張感はリラックスの対極にあるもの。体がこわばるなどマイナスに働きます。麻雀の世界で20年間無敗を誇った伝説の雀鬼、桜井章一さんはこう語っています。

「緊張に近いものに『緊迫感』がある。この緊迫感はいい勝負をするにはとても大切なものだ。普段から緊迫感のある場面に身をおくようにしておけば、緊迫感も徐々に薄れてくる」

試合や試験の会場には、ピーンと張り詰めた独特の緊迫感があります。これを前向きに受け止められるようになれば、集中力を高めてくれるなど大いにプラスに作用します。緊迫感を味方にできれば、いざ本番というときに、望み通りの成果を挙げることができるようになるのです。

教えのポイント⑮

平常心の大切さ

精神的なレベルの高い選手は、ガッツポーズをしたり、叫んだり、悔しがったりして感情を表に出したりしないものです。

イチローはなぜガッツポーズしないのか?

（「自分がなぜ冷静な態度を取り続けることができるか?」について触れて）

平常心で臨むことでパフォーマンスの質は向上する。

勉強や部活動では、成績が上がったり下がったり、よいことだけでなく、わるいことも当然起こります。大人だってそうですが、**起こった事実に過剰反応せずに冷静に受け止めることは、子どもにとって簡単なことではありません。**

大切なことは、まず、その事実をありのまま受け止めること。そして、よいことが起こったら、それを再現させることに努めればいいし、わるいことが起こったら、そこから逃げないで原因をしっかり分析して、わるいことが繰り返されないように万全の準備を整える。こうした姿勢を身につけることが大切になってきます。

イチローのガッツポーズを目撃できた人はかなり幸運です。日頃のイチローが感情を表に出さないのは、平常心でプレーすれば最高の成果を出せることを成功体験として何度も経験し、また、そう信じているからです。どんな状況においても、常に最高の心理状態を維持して目の前の作業に集中すれば、パフォーマンスの質は確実にアップするのです。

教えのポイント⑯

「型」にはめる

むずかしいことに自分から立ち向かっていく姿勢があれば、野球はうまくなるし、人間として強くなっていきます。

生きていく基本姿勢を教えるのは親の務め。

（2012年12月、自ら主催する少年野球大会で語った言葉）

子どもを「型にはめる」ことも教育の一つ。

イチローには、これまで何人かの優れた指導者が存在しました。中でも若い頃のイチローに大きな影響を与えたのが、愛工大名電高校野球部の中村豪監督（当時）です。中村監督は、野球を通しての優れた教育者でもあると私は考えています。

教育というのは、ある意味で子どもを「教え」という「型」にはめて、それに馴《な》染《じ》ませ、身につけさせるシステムです。子どもの頃は文字通り柔軟なので、いろんな型にはまります。それだけに、指導者が何を教えるかがとても重要になってくるのです。

とりわけ、**これからの厳しい人生を勝ち抜いていくための基本姿勢のようなものは、親や先生のような指導者がしっかりと子どもに教え、身につけさせるべき事柄の一つです。**

プロのアスリートとしてのイチローが貫く「自分から立ち向かっていく姿勢」は、若い頃に中村監督のような優れた指導者から学びとった教えだと私は確信しています。

第3章

面白いように「上達」する技術

教えのポイント⑰

割り算より足し算

あれ（打率）は割り算ですからね。
僕は小学生のころから
割り算が嫌いだったんです。

目の前の作業をおろそかにしない。

（オリックス時代に「なぜ打率に無頓着なのか？」に触れて）

目先の結果に
こだわらず
ひとつひとつ
積み重ねる！
ゴール

才能は目の前の作業の積み重ねで伸びていく。

打率は、「安打数÷打数」の割り算で計算されます。たとえ全打席でヒットを打って打率が上がっても、次の日にノーヒットなら、打率はまた下がってしまいます。イチローにとって、このように上がったり下がったりすることに一喜一憂しなければならない打率は性に合いません。彼はこう語っています。

「打率を下げないために、わざとベンチに下がる選手になりたくない」

イチローの目標は「ヒットを1本ずつ積み重ねること」に凝縮されています。ポジティブ心理学の観点から見ても、1本ずつ増やしていけるヒット数にこだわった方が、好ましいパフォーマンスを発揮するには有利なのです。

これを勉強や部活動に応用したら、どうなるでしょう。**上げ下げのあるテストの点数に一喜一憂せずに、英単語を一つでも多く覚えることや、練習試合の勝ち負けよりも一本でも多くゴールシュートやサービスエースを取ることに意義があるということです。**このように、目の前の作業を一つずつ積み重ねることの大切さを子どもに強調してください。

教えのポイント⑱

ライフワーク

ぼくの内面は、ほとんどが、野球のなかでかたちづくられたものです。

子どもの人生のスタートはなるべく早く。

（2005年のシーズンオフに自分のキャリアについて語った言葉）

子どもの「ライフワーク」はなるべく早く決めよう。

イチローが何で評価されているか。それは彼にとっての「ライフワーク」である野球においてです。

イチローがプロ野球選手になることを志したのは、小学校4年生の時だったといいます。この時から、イチローの野球人生が始まり、そして、今があるのです。

もちろん、小さい頃はさまざまなことにチャレンジすることの重要性を強調する学者や専門家も少なくありません。しかし、それは少なくとも小学校卒業までです。それ以降は、**徹底して自分の得意技を高める鍛練を積み重ね、それが自分のライフワークになるよう努力をすることが大切なのです。**子どもがライフワークを見つけるまでに、親にできることは決して少なくないはずです。

早くからライフワークを定め、努力を開始した人の方が「練習時間」で勝ることは言うまでもありません。これは単純にして動かせない事実です。**「努力は必ずはね返ってくる」という真実を子どもに繰り返し説いてください。**

教えのポイント⑲

「好き」が大事

モチベーションは野球が好きだということです。

（2004年、シーズン最多安打のメジャー記録を更新したあとに語った言葉）

「ほめる」ことで「好き」が育つ。

子どもの「好き」を育てるにはとにかくほめよう。

何かが「好き」という感覚は、子どもが得意なことを究める上でぜったい欲しい要素です。「得意」と「好き」はとても相性がいいのです。好きだから着実に取り組んでいける。だから、結果的にその作業が得意になる。好循環で物事がうまく回っていくのです。基本的に、**成長過程にある子どもは「叱る」よりも「ほめ」を優先していただきたいと思います。そのことで、子どもの「好き」という感覚を育てることができます。**

私は若い頃2年間アメリカに住んだ経験がありますが、欧米の親はマナーや行儀に関してはこっぴどく子どもを叱るのに、勉学やスポーツの成績において叱るところを見たことがありません。たとえ学校の成績がわるくても、あるいはスポーツで負けても、徹底して励まします。

「国語はわるかったけど、算数はよくなっていたから、他の教科も算数と同じようになるといいね」というように将来を見据えたアドバイスをしてください。そうすれば苦手な科目も「好き」になって、黙っていても子どもは着実に成長してくれるはずです。

教えのポイント⑳

人生の武器

好きなことをやろう。
それが見つかっていないなら、
それが見つかるまで探そう。
きっと見つかる。そうすれば、
その瞬間から、人は変われると思う。

好きこそ物の上手なれ。

(「人生を充実させるには?」という質問に答えて語った言葉)

好きなことが見つかれば、子どもは放っておいても努力する。

イチローが偉大なメジャーリーガーになれたのは、他のことを犠牲にして、好きな野球だけに人生の時間を捧げたからです。

あなたの子どもが好きなことは何でしょう。それを見つけ出す手伝いをしてあげてください。好きなことにすべてのエネルギーを集中する。これほど強烈な成功方程式は見当たりません。

夏の炎天下にただ置くだけでは新聞紙が燃えることはありません。しかし凸レンズで太陽光線を集めると、いとも簡単に新聞紙は燃え出します。エミー賞を受賞しているアメリカの著名な俳優で弁護士でもあるベン・スタイン氏は、「人生で欲しいものを手に入れるための第一歩は、自分の欲しいものを決めることだ」と語っています。

あなたの子どもに繰り返し「好きなことを見つけて、それにたっぷり時間を注ぎなさい」というメッセージを送り続けてください。好きなことが見つかれば、子どもは、スマホのゲームも忘れてそのことに夢中になります。結果、生きていく上で武器となる才能を身につけることができるのです。

教えのポイント㉑

不器用な子

僕なんて、まだできてないことのほうが多いですよ。でも、できなくていいんです。だって、できたら終わっちゃいますからね。できないから、いいんですよ。

子どもが不器用だからといって心配は無用。

（「メジャーに来てから進歩しているか」と聞かれて語った言葉）

不器用な子どものほうが成功できる。

イチローは、生まれ持って野球の素質があったから偉大なメジャーリーガーになり得たと多くの人たちが考えています。しかし、最新の遺伝子工学によると、2万個あるといわれる人間の遺伝子のなかに「野球がうまくなる遺伝子」は見つかっていません。遺伝子レベルで考えれば、イチローも、ゼロから野球をスタートしているのです。

私は不器用な人間ほど上達すると考えています。確かに器用な選手のほうが始めた当初の上達は速いのです。しかし、いずれ上達速度は鈍化します。器用な選手はそこで壁にぶち当たって案外簡単に投げ出してしまうのです。

一方、不器用な選手は粘り強く練習に励むうちに着実に上達していきます。進歩のスピードは遅くても、到達点は器用な選手より高みに行くこともできるのです。粘り強く鍛練を積み重ねることができるという意味では、イチローも「不器用」なのです。

子どもが不器用でも心配は無用です。夢を実現するには、むしろ不器用なほうがいいのです。

教えのポイント㉒

成長欲求のパワー

ヒットを打つことは、打てば打つほど、難しくなるんです。

もっと成長したいという欲求を大切に。

（「打撃論」について自分の本音を語った言葉）

やればやるほど、やるべき課題が見えてくる。

なぜ何もかも手に入れたはずのイチローが、現在でもモチベーションを高いレベルに保ち続け、メジャーリーガーとして頑張れるのか。それはまだ自分のバッティングを進化させることができるという、確かな手応えがあるからです。

成長欲求は私たちを進化させてくれる大きな要素です。ひと握りのチャンピオンやトップアスリートはこの欲求が異常なほど強いのです。もっと言えば、たとえ数字や記録として表に現れなくても、内部で着実に成長していることを信じられるから、彼らは退屈とも思える基本練習を日々続けることができるのです。

勉強でも部活動でも、それに力を注げば注ぐほど、今まで見えなかった課題が見えてくるもの。子どもに最重要の課題をピックアップさせて、それに徹底して取り組ませてください。そうすれば、黙っていても子どもは着実に成長していってくれます。そして、悪戦苦闘してやり遂げたあとの達成感が、さらなるチャレンジのモチベーションに火をつけてくれるのです。

教えのポイント㉓

飛躍のタイミング

僕がプロ野球選手になりたいと思ったのは、小学4年のときです。そのころから野球はテレビで観るものではなく、球場にいる選手になりたいと思っていました。

（イチローが小学校のときに書いた作文）

スポーツには子どもが飛躍的に伸びる時期がある。

子どもの「ゴールデンエイジ」を逃がさないようにしよう。

重要なのは、夢を頭の中で思い描くだけでなく、その夢を実現するための行動を、なるべく早めに起こすこと。たとえ将来、子どものころに描いた夢や目標が実現しなかったとしても、そのプロセスでいろんな収穫をもたらしてくれるはずです。行動はぜったい裏切りません。

スポーツの世界でいう「ゴールデンエイジ」は、スキルの習得が著しく促進される10歳から12歳の時期を指し、この時期を逸すると、プロスポーツ選手になるには大きなハンディを背負うことになります。

イチローがプロ野球選手を志した小学4年生といえば、ちょうど10歳ですから、イチローはゴールデンエイジになってすぐにプロ野球選手への道をスタートしたことになります。この時期、イチローはお父さんと一緒に血の滲むような練習に励んだから、夢の実現に結びついたと言えるのです。

もしも、**あなたの子どもが10歳未満なら、子どもの人生で急速な進歩を実現してくれるゴールデンエイジを逃さないことです。この時期に徹底してスキルを身につける習慣を持続させてあげてください。**

教えのポイント㉔

手抜きしない

自分でやること、やろうと決めたことに対しては、手抜きをしないことです。そこで手抜きをしていたら、たぶんそっぽを向かれると思いますよ。お前、自分が決めたこともやれないのか、というふうに思われちゃいますからね。

日々の単純作業に新鮮さを見出す子どもに育てよう。

（「自分が大事にしていることは何なのか？」という質問に答えて）

同じことを毎日続けることでスキルは身につく。

イチローは、日々自分が決めた同じ作業を淡々と行なうことを快感にしています。そこには一切の手抜きがありません。これは、口で言うほど簡単ではないのです。

ここで注意すべきは、いくら自分が決めた好ましいメニューであっても、それが日替わりメニューなら、絶対身につきません。同じことを淡々と日々やり続けることにより、私たちはスキルを獲得できるのです。近道はありません。野球への取り組み方について、イチローはこうも語っています。

「10年やっても新しいことが出てくる。新しい気持が生まれてくる。そういうことによってますます野球が好きになるんですよね」

どうせやらなければならない作業なら、イチローのように、そのなかに新しい価値観を見出しましょう。

朝起きたとき、いかに新鮮な気持ちでその日をスタートダッシュできるか。毎日繰り返されるいつもの勉強や練習のなかに新鮮さが発見できて、初めて目の前の作業にのめり込めるのです。

教えのポイント㉕

上達の秘訣

失敗のなかには、可能性が含まれています。これも、野球を続けるおもしろさなんです。

成功より失敗に意義がある。

（野球のおもしろさについて語った言葉）

失敗に感謝！　そこに成功と上達の鍵がある。

イチローは、5打数5安打の日には見向きもしません。なぜなら、その日は自分の実力が素直に発揮できた日であり、そんなことに満足していると、「ロクなことはない」と、考えているからです。

一方、「5打数ノーヒットの日こそおもしろい」と、イチローは考えています。メジャーでのキャリア打率3割1分2厘（2017年現在）の自分が5回も打席に立ってなぜ一度もヒットが打てないのか？　その理由を見出すことこそ野球の醍醐味《だいごみ》と考えているのです。

別のところでイチローはこうも語っています。

「10回やって3回成功すれば一流という世界では、7回の失敗の可能性を、これからも追い求めていきたいと思います」

成功よりも失敗したことに意義を見出し、その理由を探ることにおもしろさを感じる。そのことによって自分は上達し成長していけると信じる――。

あなたのお子さんにも、こうしたメンタルのスキルを、イチローからぜひ学んでほしいと思います。

教えのポイント㉖

期待の効用

だれよりも自分が
（自分の活躍に）期待しています。
自信がなければこの場にいません。
プレッシャーがかかる選手であることが
誇りです。

期待のパワーで壁を乗り越える。

（2000年11月19日、マリナーズ入団記者会見で語った言葉）

子どもは親の期待をエネルギーにして伸びる。

イチローは、自分に強く期待するタイプのアスリートです。活躍への期待がいい意味のプレッシャーとなってモチベーションを引き上げ、それがよい結果を生むという好循環をつくりだしています。

多くの子どもは「うまくなったら自信がつく」とか、「よい成績をとったら自信が持てる」と考える傾向にありますが、それでは結果が伴わない限り、いつまでたっても自信はつきません。もちろん、彼らのモチベーションが上がることもありません。

ただし、経験と実績のない子どもに、いきなり自分に期待しろというのも無理な部分があります。**そこで親のサポートが必要になります。子どもに期待するのは親の役割。**子どもは親の期待で伸びるものなのです。専門的には「ピグマリオン効果」と呼んでいます。「他者への期待値がその後の成長を決定づける大きな要因のひとつになる」という理論です。

子どもに期待したり励ますことが、ひいては子どもの自信の量を増やすのです。

第4章

退屈な「練習」がこんなに楽しくなる!

教えのポイント㉗

練習は退屈？

仕事の責任のために練習をしているわけじゃないんですよ。野球が好きだから練習しているんです。それだけです。

毎日の勉強や練習が苦にならなくなる秘訣。

（2006年2月、WBC日本代表チームの合同練習で「練習の意味」について語った言葉）

日々の自分の小さな成長を実感しよう。

これを勉強や部活動に置き換えたらどうなるでしょう。**「やらされる勉強」、「渋々やる部活動」では、身につくどころか、ただの時間の浪費に過ぎません。**同じやらなければならない作業なら、一切の妥協を排除して自ら行動を起こす。このことの大切さを子どもに強調してください。

勉強や部活動でやることと言えば、面白くない単純作業だらけ。イチローでさえも、「バットを振る作業なんてまったく面白くない」と語っています。ではなぜ彼がまったく面白くないバットを振るという単純作業にのめり込めるのでしょう?

それは、「ヒットを打つ」という快感を味わいたいという一心です。「ヒットを打つ」という作業は、イチローにとっては何度味わっても尽きない快感なのです。**勉強や部活動を通して、日々自分が少しずつでも成長している手応えを敏感に感じ取ることにより、子どもは面白くない作業にも真剣に取り組めるようになります。**最終的に、妥協を排除して目の前の面白くない作業に没頭できるようになるのです。

教えのポイント㉘

進んでやる

監督からは野球はもちろんですが、それ以上のことを教わりました。（中略）野球ができるのは短いあいだかもしれないが、それが終わったあとにどういう人間でいられるかが問題だと言って、ミーティングのときにいくつもの人生訓を話してくれました。

自主性は成長の原動力。

（愛工大名電高校の当時の監督中村豪さんについて語った言葉）

「やらされる」より「進んでやる」ほうがずっとすごい。

イチローにとって、愛工大名電高校野球部の中村豪監督（当時）との出会いはとても大きいものでした。野球の練習だけでなく、勉強においても、自ら「進んでやる」ことの大切さを繰り返し説いたのが中村監督だったといいます。

練習に取り組む姿勢は大きく二つに分かれます。「進んでやる練習」と「やらされる練習」です。**練習や宿題を「やらされている」と感じている限り、効率はいつまでたっても上がりません。**だから、時間をかけている割には、なかなか上達しないのです

一方、進んで取り組む姿勢が身につけば何事にも真剣になり、集中力が増します。**親の大切な役目は、子どもが進んで取り組む姿勢を身につける手助けをすることです。**

また、自ら進んで練習や宿題に取り組むことにより、着実に自分が成長していくことを実感できます。そうすれば、部活動の練習や勉強がぐんと面白くなるのはいうまでもありません。

教えのポイント㉙

続けることの意義

僕がどうして毎日練習をやるか？
その理由は簡単です。いいときの状態って
すぐに身体が忘れるじゃないですか。
それを忘れないように毎日やるので
あって、それ以外の何物でもありません。
「継続は力なり」なんです。

天才は継続の大切さを知っている。

（雑誌のインタビューで「どうしてあれだけ熱心に練習するのですか？」という質問に答えて）

一つのことを続けられることも才能のうち。

イチローが言うように、「継続は力なり」は疑いようのない真理です。日々同じことを黙々とやり遂げる力が大きな成果を生み出します。イチローは自分が決めた「毎日の練習」という小さな習慣を日々同じ場所で同じ時間にやり遂げたから、数々の偉大な記録を打ち立てることができたのです。

たとえば、毎日トイレで新しい漢字を３つ記憶するだけで、１年間それを持続すれば１０００以上の漢字が頭に蓄積されます。あるいは、年間２００日参加しているテニスの部活動でサーブ練習の最後に、もう10球サーブを行なえば、年間２０００回のサーブ練習が追加されるのです。

「量」を「質」に転化させることこそ、世の一流アスリートたちが黙々と行ってきたことです。とにかく理屈抜きに毎日小さな作業を積み重ねることを快感にする。そうすれば黙っていても量が質に転化して高いレベルのスキルを身につけることができるようになるのです。

ぜひあなたの子どもに小さなことをコツコツやることの大切さを説いてください。夢は、小さなことの総和によって実現されるのです。

教えのポイント㉚

すべてやる

グラウンドの上でのベストのため、自分でやれることはすべてやる。

日々の練習で自分の成長を実感する。

（「普段から心掛けていることは何か？」という質問に答えて語った言葉）

「やれることはすべてやる」子が成長する。

たとえ日々の鍛錬は辛くても、とにかく「自分でやれることはすべてやる」という意識を持つことはとても大切です。

自分でやれることを一つひとつクリアしていくことで自分の成長を実感でき、次第に辛い作業も面白い作業に変わっていきます。

親の大切な役目、それは、子どもに、自分が着実に成長しているという手応えを感じ取らせることです。そのことにより、子どもはどんなに勉強や練習が辛くても、それに耐えるスキルを身につけ、もっと成長したいという欲求を持つようになります。

イチローを日々野球に精進《しょうじん》させたのは、人並外れた「成長欲求」です。人よりも抜きん出る人間とは才能に満ち溢れた人間ではなく、自分を成長させる欲求が飛び抜けて強い人間です。

子どもにとって毎日の勉強は面白くない単調な作業です。しかし、肝心の**本番で自分のベストを発揮するためには、その日その日の「やれるべきことはすべてやる」という精神が不可欠であることを説きましょう。**

教えのポイント31

一番になる

一番になりたかったですね。僕は、ナンバーワンになりたい人ですから。オンリーワンのほうがいいなんて言っている奴が大嫌い。僕は。この世界に生きているものとしてはね。競争の世界ですから。

ナンバーワンを目指し、修羅場をくぐれ！

（2008年シーズンを213安打で終えた試合後の記者会見で語った言葉）

競争の世界では「オンリーワン」は通用しない。

解散したSMAPのヒット曲「世界に一つだけの花」では、ナンバーワンになることよりもオンリーワンであることの素晴らしさを訴えて人々の共感を呼びました。確かにこの歌詞の内容は間違っていませんし、個性を発揮することの大切さもその通りです。しかし、右のイチローの発言はそれとは真逆の内容です。オンリーワンを持ち上げる人を「大嫌い」とまで切り捨てています。

厳しい言い方をすれば、オンリーワンが通用するのは趣味の世界までの話です。**典型的な競争原理が働いている受験や部活動では、これからはますます「ナンバーワン」を求める傾向が強くなります。**そこで修羅場をくぐらなければ実力はつかないし、過酷な接戦を何度も経験することによって、受験やスポーツで勝利者の仲間入りできるようになるのです。

安易な成功よりも厳しい闘いの中で揉まれて実力を身につけていく。その醍醐味こそ、あなたの子どもをたくましくして才能を育てる大きな要素なのです。

教えのポイント㉜

完全燃焼する

毎日（力を）振り絞っている。
今日だって振り絞っているし、別に余力を
残そうとしているわけじゃない。
それ（余力）があったとしたら問題です。

目の前の1日に全力を尽くす。

（2011年シーズンに連敗が続いた後の記者会見で語った言葉）

「1日単位で完全燃焼」が子どもの潜在能力を引き出す。

子どもの頃に、将来の大きな目標を掲げることは大切です。しかし、それで自己満足して終わっている子どもが実に多いのです。大切なのは目の前の1日です。将来は、その結果にすぎません。

私が学んだスポーツ心理学の先生であるジム・レーヤー博士の哲学は、「1日単位で完全燃焼」です。とにかく目の前の1日に全力を注ぐ。昨日はすでに終わってしまったもの。後悔しても仕方がありません。そして、明日のことは明日考えればよいのです。

それよりも目の前の1日に全力を尽くす。この心構えがあなたの子どもを一流に仕立てるのです。1日単位で完全燃焼すれば、どんな結果に終わっても後悔しない自分を作っていけます。

朝起きたら**「今日も1日完全燃焼するぞ!」**、そして、ベッドに入る前に**「今日も完全燃焼できた!」**と口ずさむ習慣を身につけましょう。将来の壮大な夢は、「1日単位で完全燃焼」を続けていくことで、一歩一歩近づけるのです。

教えのポイント㉝

「好き」と「嫌い」

嫌いなことをやれと言われてやれる能力は、後で必ず活きています。

「好きか嫌いか」という判断基準を超える。

（仕事における大切な能力について語った言葉）

嫌いなことも必要ならやれる人間になろう。

好きなことなら、誰でも自発的にやり続けることができます。しかし、嫌いなことは後回しになります。しかし、イチローは違います。これは必要なことだと思ったら、やりたくないことでも、進んで行なう習慣がきっちり身についています。

イチローにとっても、バットを振るのがイヤな日もあるでしょう。しかし、そんなときでもイチローは、ひたすらバットを振るという単純作業を黙々と持続できるのです。これこそ、イチローを偉大なメジャーリーガーに仕立てた大きな「才能」の一つです。

「好きか、嫌いか」ではなく、「必要か、必要でないか」という判断基準で行動を起こす。難しく考える必要はありません。もし、子どもが嫌いな食べ物があったら、それを食べられるように親が習慣化してやるのです。

イヤなことでも、やるべきことは逃げずにやる子どもに育てましょう。逃げずにやり続けて、自分の「能力」を限界まで高めることに努めれば、すごい武器になってくれることは言うまでもありません。

第5章

「本番」より
それまでの「準備」が
大事!?

教えのポイント34

なぜ準備が大切か

ハイレベルのスピードでプレーするために、僕は絶えず身体と心の準備はしています。自分にとって一番大切なことは、試合前に完璧な準備をすることです。

本番の試合よりそれまでの準備が大事!?

（2002年シーズンに準備の大切さについて聞かれて）

完璧な準備をすることに全力を尽くそう。

イチローほど完璧な準備をして本番に臨む選手を探すのは、とても難しいのです。彼は朝起きた後、同じ時間に同じ場所で同じことをやる習慣をしっかり身につけています。朝起きたときからの行動をルーティン化し、すでに本番に向けての準備を始めているのです。

多分イチローは、本番よりもその前の準備のほうが大切であると考えています。なぜなら、本番の試合は本能がやるものであって、ほとんど自分ではコントロールできないからです。しかし、肝心の本番前の準備なら、100%自分でコントロールできる。だから、肝心の本番で結果を出すために自分ができ得る限りの準備をすることに意欲を注ぐのです。

「自分はこれだけ完璧な準備をしたのだから結果がどうなろうと納得できる」という姿勢で本番に臨めば、集中力が増し、よい結果に結びつくことは容易に想像できるでしょう。

試験や試合の当日までの用意周到な準備が大切なのは、こうした理由によります。準備を制するものは本番を制するのです。

教えのポイント㉟

ものを大切に

道具を大事にする気持ちはうまくなりたい気持ちに通じます。

「ちょっと高いもの」で子どものモチベーションが上がる。
（道具へのこだわりに触れて）

与えられた道具を大切にする子どもは伸びる。

プロにとって、仕事で使う道具は身体の一部です。たとえば、鉋《かんな》の手入れをいい加減にする大工や、バットやグラブを大切に扱わない野球選手は決して一流にはなれません。

イチローが本格的に野球を始めるとき、父の宣之《のぶゆき》さんは小学生の息子に飛び切り高価な赤いグラブを与えたといいます。そのことに関して、イチローはこう語っています。

「子どもがなにかを始めるときに応援してあげようって思ったら、お父さんお母さんには、まず最初に、ちょっと無理してでもいいものを与えてほしいんですよね。そうすると『自分のために高いお金を出して買ってくれたんだな』っていう感謝の気持ちが生まれる。もらったものを大切にしようと思うし、それを使って一生懸命練習しようと思うんですよ。僕がそうでしたから」

学習用の筆記用具にしろ、部活の道具にしろ、子どもに、道具を大切にすることの大切さを教えてください。少し奮発していいものを買ってあげるのも、子どものやる気を高める一助になってくれるはずです。

教えのポイント㊱

一人の時間

1日の反省はグラブを磨きながら。昨日何を食べたか、よく眠れたのか、というところから、実際にゲームが終わるまでに起こったすべてのことをよく振り返って考えてみる。

振り返ることによって成長する。

（「なぜグラブを磨くのか？」という質問に答えて）

なぜ「自分だけの時間」は大切なのか?

ゲームが終わった後、イチローはたっぷり時間をかけてグラブを磨きます。グラブを磨きながらその日を振り返る機会に充《あ》てています。

「今日の自分のパフォーマンスは納得できるものだったのか?」
「今日は心身を最高の状態に維持してゲームに臨めたか?」

といったその日のプレーについての反省に始まり、右の言葉にあるように、「昨日何を食べたか」に至るまでを細かく振り返るのです。

イチローは、肝心のゲームでヒットを打つことよりも、その日の反省を兼ねたグラブを磨く作業のほうを大切に思っているかもしれません。

イチローには、一人で過ごす時間は100%自分でコントロールできる貴重な時間であるという思いがあり、だからこそ、ゲーム後の「自分の時間」を大切にするのだと私は考えています。

自分だけの時間をどのように過ごすかによって、大きな差に繋がります。まず、自分の時間をしっかり確保すること。それにより、1日の過ごし方は改善され、結果として子どもは着実に成長してくれるのです。

教えのポイント 37

オンとオフ

ちょっと抜きながらやるというのが、僕のやり方なので、そこは人の目をごまかしたいな。

オフタイムとオンタイムの切り替えの達人になろう。

（2008年7月に日米通算3000本安打を達成した試合後のインタビューで語った言葉）

本番で力を発揮するには オフタイムを充実させよう。

私たちはイチローが24時間野球漬けだと勘違いしています。事実はそうではありません。もちろん、グラウンドの中では野球だけに全神経を研ぎ澄ませますが、試合後球場から出た瞬間、イチローは鈴木一朗に変わります。家に帰っても、妻の弓子さんとは野球の話をすることはほとんどないといいます。

勉強や部活動で成果を挙げたかったら、オフタイムに目一杯力を抜くこと。いくらオンタイムに集中しようと思っても、オフタイムにリラックスしていなければ、それは不可能です。

オンタイムはエネルギーを消費する期間であり、オフタイムはエネルギーを補給する期間。ほとんどの人がエネルギーを消費することにだけ意識を払うのですが、エネルギーを補給することには無《む》頓着《とんちゃく》です。

息をフーッと吐き出せば自然に新鮮な空気を吸い込めるように、オフタイムを充実させれば、黙っていてもエネルギーが補給され、オンタイムである授業や部活動で、子どもは高い集中力を発揮できるのです。

教えのポイント㊳

負けた時の心得

こうやってスパイクの用意をして、明日のためにやっている。これが準備というもの。

勝つための準備なくして勝利はない。

（ア・リーグ優勝決定シリーズで3連敗した試合の後で語った言葉）

リベンジしたいなら、そのための「準備」に力を注ごう。

結果に一喜一憂することなく、日々の細かい「準備」を丁寧に行なうことにやりがいを見出す。結果はいいことも悪いこともあるわけですから、それに過剰反応しても明日へのプラスにはなりません。それよりも、今できること、つまり明日への準備に時間と努力を使うのです。

右の言葉に続けて、イチローはこうも語っています。

「相手があることで、結果に対してアプローチはするが、それは変動すること。常にうまくいくとはかぎらないですよ。これが（自分にとって）できること。3連敗して、いつもみたいに準備することはしたくない」

テストの成績がわるかったり、試合で負けたときには、準備の大切さを説く格好のチャンスです。なお一層準備に努めれば、次のテストや試合で必ずよい結果が得られることをしっかりと伝えましょう。結果には触れずに、徹底して準備の大切さを強調することが子どもを成長させる大きなカギになるのです。**逆にテストや部活動でうまくいったときこそ、諫《いさ》める機会です。**うまくいって浮かれていると、とんだしっぺ返しを食らうからです。

第6章

「やる気」を高めるスキルを教えよう

教えのポイント㊴

やる気を長続きさせる

やれることはすべてやったし、手を抜いたことは一度もありません。常にやれることをやろうとした自分がいたこと、それに対して準備ができた自分がいたことを、誇りに思っています。

「達成感」や「満足感」は最高のモチベーター。

（2002年シーズンで200本安打を達成した後の記者会見で語った言葉）

「ほうび」を目当てに頑張る子どもは長続きしない。

著名な心理学者ダニエル・ピンク博士によると、人間は行動を起こすときの原因、すなわち動機のタイプによって、二つに分類することができます。**達成感や満足感を得たいという「内発的なモチベーター」に喚起される「タイプI」**と、報酬やほうび、評価などの「外発的モチベーター」に強く反応する「タイプX」です。

イチローはもちろん前者です。このタイプの人は、さまざまな心理学の実験で、持続性、安定性の両面において外発的モチベーターよりも明らかに優れています。

このことについてピンク博士はこう語っています。

「タイプIの行動は根本的に『自律性』『熟達』『目的』という三つの要素をよりどころとしている。自らの意思で行動を決める。意義あることの熟達を目指して、打ち込む。さらなる高みへの追究を、大きな目的へと結びつける」

子どもをイチローのようなタイプに育てることは親の大切な役割の一つなのです。

教えのポイント㊵

モチベーションの芽を育てる

学校の授業が終わったらすぐに帰ってくるから、お父さん、僕に野球を教えてちょうだい。

子どもの「夢中」を育てる。

（小学3年生のときの、それ以降7年間続くことになるバッティングセンター通いのきっかけになったイチローの言葉）

理屈なしに夢中になることを見つけよう。

小学3年生から中学3年生までの7年間、イチローは父親の宣之さんと連れ立って毎日近所の「空港バッティングセンター」に通い続けました。なんと年間363日通い続けた年もあったそうです。

なぜ、2日休んだのか。それはそのバッティングセンターが大晦日と元日の2日間だけ休みだったからです。

そして、もっと注目すべきは、お父さんがイチローに「バッティングセンターに行こう！」と誘ったのではなく、イチローの方から行動を起こしたという事実です。理由はありません。ただ野球をしたかったから、バットでボールを打ちたかったから、イチローは休むことなくバッティングセンターに行ったのです。

あなたの子どもの心の中に、理屈ではないモチベーションの芽を育てる手助けをしてあげてください。

目を輝かせて親におねだりするようなことを見つけてやり、それを高めるための親子の時間をたっぷりとってあげてください。

教えのポイント41

自己ベスト

自分のベストを更新していくというのは、したいことでもあるし、しなくてはいけないことです。

自分の記録を塗り替える喜びを味わう。

（普段心掛けていることについて語った言葉）

自己ベスト
自己ベスト
更新!!

「誰かに勝つ」
のではなく
自己ベストを
更新する!!

自己ベストを更新することでモチベーションアップ。

あるマラソン大会での話です。1位の選手が満面の笑みを浮かべてゴールします。他の上位の選手も次々にゴールして笑顔を浮かべます。順位が下がるにつれ、険しい表情でゴールする選手が増えます。ところが、1位の選手がゴールした2時間後に最高の笑顔でゴールした選手がいました。

なぜ、この選手は笑顔でゴールしたのでしょう？ 彼は自己ベストを更新したのです。

ブルーナーという心理学者が小学生に立ち幅跳びをさせた実験結果を報告しています。まず全員を跳ばせて記録を測ります。次にグループを二つに分け、グループAには、「相手を打ち負かす」という目標を与え、グループBには、**「自分のベストを更新する」という目標**を与えました。

さて、2回目の記録を計測したとき、大きく記録を伸ばしたのはグループBだったのです。

子どもに、自分のベストを更新することの喜びを体験させましょう。それがやる気を増大させ、大きな目標に近づく手助けになってくれます。

教えのポイント㊷

勇気を出す

バットを振らずに打席が終わる。そんなにつまらないことはない。

勇気を出してチャレンジする。

（見送りの三振についての自分の考えについて触れて）

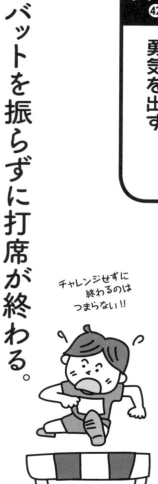

やってみないとわからない。だから、やる。

　日本のプロ野球とメジャーリーグの違いは、「ストライク」という言葉の意味に凝縮されています。日本のプロ野球では、「ストライク」はピッチャーが投げるある領域のボールのことを指します。

　一方、メジャーにおける「ストライク」の意味は、バッターがバットを振らなければならない領域のボールを意味するのです。実際、「ストライク」という英語の本来の意味は、「バットでボールを打つこと」なのです。

　つまり、そこに飛んで来たボールは、とにかくバットを振らなければならないのです。大リーグでは、見送りの三振をするバッターは「チキン（臆病者）」というレッテルを貼られ、観客からはブーイングを浴びせられることになります。

　この世の中は、やってみないとわからないことだらけ。経験の少ない子どもにとってはなおさらです。**あなたの子どもに「果敢にバットを振る」姿勢を身につけさせましょう。たとえうまくいかなくてもいいから、勇気を出してチャレンジすることの大切さを伝えましょう。**

教えのポイント㊸

天才とは？

僕を天才と言う人がいますが、僕自身はそう思いません。毎日血の滲《にじ》むような練習を繰り返してきたから、いまの僕があると思っています。僕は天才ではありません。

血の滲む努力がすごい才能を生む。

（天才の定義について語った言葉）

イチローが自分を「天才ではない」と言う理由とは?

イチローが考える「天才」の定義とは、「努力することもなく、突然周囲の人たちをビックリさせるようなことをやってのける人間」のことを言います。そういう意味では自分は天才ではない、血の滲むような練習をしたから現在の自分があると、イチローは右の言葉で強調しているのです。

天才について、イチローはこうも語っています。

「天才はなぜヒットを打てたか説明できない。僕はきちんと説明できる。だから天才じゃない」

血の滲むような練習の裏付けがあるから、イチローはヒットの理由を言葉で説明できるのです。

イギリスのジム・ゴルビー博士は115名のラグビー選手を調査し、一流選手とそうでない選手を隔てているものは何かについて調査しました。その結果、**「一流選手ほど練習時間が長い」という当たり前の事実が判明しました。結局、絶え間ない練習の積み重ねこそが、唯一子どもにすごい上達と才能を授けてくれるのです。**

教えのポイント44

やる気は「行動」から

僕もグラウンドに行きたくない日はたくさんあります。そのときには職業意識が出てきます。「仕事だからしょうがない」と、自分に言い聞かせるときもあるのです。

今日はサボりたいという日の処方箋。

（2003年シーズン後に「自分の職業意識」に触れて）

やる気は、理屈ではなく「行動」から生まれる。

前の項でも述べたように、イチローは子どもの頃、近くのバッティングセンターに通って練習をしていました。当然、今日は休みたいという日もあったに違いありません。しかし、イチローは、年末年始の2日間の休業日以外は、毎日通ったと言います。そこには理由はありません。極端な言い方をすれば、それが習慣だった、当たり前だったからです。

もしあなたの子どもが、勉強が嫌いで困っているなら、とりあえず机に向かわせること。それを子どもに習慣化させることを心がけてください。やがて、机に向かうことで勉強モードへのスイッチが入るようになって、やる気は自然に出てきます。あるいは、**部活動に参加することに気が乗らなくても、あのイチローがやっているように、そんな時でも、とりあえず練習場に行ってみることが大事です。**

理屈抜きに「思い」よりも「行動」のほうが強烈なのです。モチベーションは「思い」ではなく「行動」により生まれてくるもの。モチベーションが上がらないときでも、とにかくその場に行ってみるだけでいいのです。

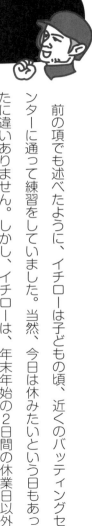

第7章

「スランプ」を乗り切るとっておきの方法

教えのポイント㊺

スランプとは?

僕の中のスランプの定義というのは、「感覚をつかんでいないこと」です。結果が出ていないことを、僕はスランプとは言わないですから。

逆境のときはチャンスのとき!

(雑誌のインタビューで「スランプの捉え方」について語った言葉)

スランプ＝不調、ではない。スランプは絶好調！

私たちは、スランプに陥ると、それに正面から向き合うのではなく、冷静さを失って、そこから逃げ出すことばかり考えがちです。

スランプは誰にでも訪れるものです。イチローも例外ではありません。あなたの子どもにもスランプは必ずやってきます。

これまで幾度となくスランプの壁に直面し、格闘してきたイチローの言葉は、子どもの生き方に大きな示唆を与えてくれます。

スランプに関して、イチローはこうも語っています。

「僕はスランプのときにこそ絶好調が現れる。すごく感覚を失っているときにしか好調はあり得ない」

ここから「スランプとの出会いによりそれを克服することを必死で考え抜くきっかけを作ってくれた。だからスランプのときこそ自分の脳は冴え渡るから絶好調なんだ」というイチローの考えが読み取れます。

子どもが逆境に見舞われたときに、このようなイチローの言葉を聞かせてあげてください。〝目からウロコ〟のきっかけになってくれるはずです。

教えのポイント46

トラブルが起きたとき

交通事故さえなければ、きっとピッチャーを目指していたと思います。でも、事故のおかげで速い球が投げられなくなった。結果的に打者としてプロを目指すきっかけをつくってくれたのは、この交通事故なんですね。

高校時代の交通事故がイチローを奮起させた。

（高校2年生のときに自転車に乗っていて車に追突され1カ月半松葉杖の生活を余儀なくされたときのことを思い出して語った言葉）

よくない出来事も将来的には必ずプラスになる。

「人間万事塞翁《さいおう》が馬」ということわざがあります。

昔、中国北方の塞翁という老人の馬が逃げ、人々が気の毒がっていましたが、やがてその馬は1頭の駿馬《しゅんめ》を連れて戻ってきました。

喜びもつかの間、その後、老人の息子は、この駿馬から落ちて足の骨を折ってしまいます。しかし、1年後、他国と戦争になりますが、骨折した老人の息子は兵役を免れ、戦死しなくて済んだのです。

よくないことが起きても、それはよいことが起きる前触れとポジティブにとらえること。このことわざはそう教えています。

どんな状況に陥ってもあきらめたりせず、日々ベストを尽くすことが大切なのです。

もっと言えば、**よくないことが起こったことに感謝するくらいの前向きな気持が心の中に育てば、あなたの子どもは、イチローがそうであるように、逆境を糧にして、自分の力で未来を切り開いていけるたくましい大人に育ってくれるはずです。**

教えのポイント ㊼

自分の調子の捉え方

ヒットが出ているからといって
状態がいいというわけでもないし、
ヒットが出ていないからわるい
というわけでもない。

結果に一喜一憂しない心構え。

（雑誌のインタビューで「自分の調子の捉え方」について聞かれて語った言葉）

スランプになったら真っ先にすべきことは？

イチローは、結果には目もくれず、現在の自分の調子を絶対評価することができます。彼は徹底したプロセス志向だから、こうした冷静な自己診断が可能となるのです。

今の自分を正しく評価できると、スランプに陥ってもうろたえることなく、努力を持続できます。**もしあなたの子どもがスランプに陥ったら、まず、今の自分の調子を冷静に評価させることから始めてください。そうすることが、スランプ脱出の出発点となります。**

周りの人の客観的な評価を求める人もいますが、他人の評価や期待というのはとても無責任なもの。コロコロ変わるだけでなく、そもそも判断の基準が間違っている場合だってあります。もちろん参考にするのはいいですが、それに判断を任せたり、振り回されてはいけません。

納得いかないことはとことん突き詰める。あるいは、自分の弱点を徹底的に洗い直してそれを補強する努力を持続させる。これこそイチローのような一流の人間が日々行なっている究極のスランプ対策なのです。

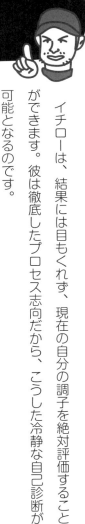

教えのポイント㊽

逆境への対処法

むずかしいことに自分から立ち向かっていく姿勢さえあれば、野球はうまくなるし、人間として強くなっていきます。

ピンチと仲良しになる。

（2012年のシーズンオフに自分が主催する少年野球大会で語った言葉）

ピンチとチャンスは
表裏一体!!
チャンス
ピンチ

イチローは「逆境」になればなるほど燃えてくる。

子どもにとって、ピンチを切り抜ける能力は大人になってから実のある人生を歩むために不可欠な要素です。**ちょっとしたピンチで簡単に挫折する子どもの共通点は、「ピンチを悪者である」と考えるからです。**

漢字の「機《き》」には、本来二つの意味があります。一つは「機会」の「機」、チャンスです。そして、もう一つの意味は「危機」の「機」、ピンチです。つまり、ピンチとチャンスは本来同義語で、表裏の関係にあるのです。

ピンチをチャンスに変える天才であるイチローはこうも語っています。

「『達成できないのではないか』という逆風は、最高です。『がんばれ、がんばれ』という人がいるより、僕は、『できないでくれ』という人がいるほうが熱くなる」

逆風を歓迎し、そこから飛躍のヒントをつかみとるイチローの姿勢がこの言葉から読み取れます。**逆風や困難から逃げるのではなく、ピンチの中に潜むチャンスをつかみ取る姿勢を貫くこと。あなたの子どもがピンチと仲良しになれれば、どんな修羅場が来ても恐れることはありません。**

教えのポイント 49

シンプルにする

ここ何年か、何かが足りない
という発想はありません。
むしろ、何が必要ないんだろう
って考えるようになりました。

無駄なものを取り除いて単純化する。

（2008年シーズンを終えて雑誌のインタビューに答えた言葉）

シンプルに考えると問題解決の糸口が見えてくる。

私たちは何かを「付け加える」ことに価値を見出そうとする傾向があります。イチローの発想は真逆です。無駄なものを「取り除く」ということに意識が働いています。

彼の一挙手一投足には無駄な動きが一切ありません。彼のバットスイングは、極限まで単純化されているから美しいのです。

プレー中の彼の思考も驚くほど単純化されています。バッターボックスに入ったとき、あれこれ考えないから、どんな球が来ても素早く対応できます。だから、相手チームのピッチャーの投げたワンバウンドするようなボール球でも、ヒットにしてしまうことができるのです。

一方、並のバッターはあれこれ考えて物事を複雑にしてしまうから迷いが生じ、決断が遅れるために、打てないのです。

勉強や部活動でも同じです。これまで何でもかんでも、あれもこれもと詰め込んで混乱していないか、それを検証してみることです。そうすれば、ほんとうに足りなかったものも見えてくるはずです。

教えのポイント 50

発想を変える

4タコ（4打席ノーヒット）でまわってきた5打席目を心から喜べることですね。

「スランプこそ絶好調！」の精神で。

（「ほかの人は持っていないもので、自分自身が持っているものは何か？」という質問に答えて）

「ずっと悪かったから次はいい!」と前向き発想。

前にも紹介しましたが、イチローは「スランプこそ絶好調」という一見理解し難い言葉をつぶやいています。つまり、彼はピンチになればなるほどモチベーションを上げてベストを尽くすことができるのです。

だからこそ、この言葉にあるように、４タコで落ち込むどころか、次の打席で闘志をむき出しにしてバットを構えることができます。

「４タコ」という終わってしまったことは、あとからコントロールできません。しかし、次の5打席目の結果が出るまでの行動や思考は、１００％自分がコントロールできるということを熟知しているのです。

うまくいかないときほど最高の心理状態を維持してベストを尽くす。そうすれば、必ず逆境を脱出できることを、イチローは自分のキャリアで経験しています。もっと言えば、「逆境で思索を積み重ねることにより成長してきた」という手応えが彼の心の中に存在するのです。

「調子が悪いから次が楽しみ！」となれば、逆境の方から逃げていってしまうでしょう。子どもをスランプから立ち直らせる魔法の言葉です。

第8章

「もうやりたくない」と子どもに言われたら

教えのポイント㊿51

子どもが弱音を吐いたら

お父さん、僕、野球やめようかなぁ。

「つらい時期」は進化のステップになる。

（愛工大名電高校野球部時代、寮生活から久しぶりに自宅に帰ってつぶやいた言葉）

辛いことは一流になるための試練と考えよう。

メジャーリーグのレジェンドであるイチローでさえ、たった一度だけ「野球をやめたい」と口に出しています。それが右のセリフです。そのとき、父親の宣之さんはこう諭《さと》したといいます。

「一朗、今日まで自分がやってきたことがなんだったのか、よく考えなさい。いま野球をやめて、それでも後悔しないと思えるなら、お父さんはそれでいい。ただ、何ごとも〝後悔先に立たず〟だよ」

父親の言ったことを聞いていたイチローは、しばらくの間黙って何かを考えていましたが、その話には一切触れず、翌日元気に野球部の寮に帰っていったのです。

一流のスポーツ選手の共通点は「逆境に見舞われてもへこたれないこと」です。**もしもあなたの子どもが辛いことを口にすることがあったら、「辛いことは決して避けられない一流になるための試練であり、それを克服することが大事」と、アドバイスしてあげてください。**子どもの逆境耐性を高め、着実な成長を可能にする支えになってくれるはずです。

教えのポイント ㊾

テーマを絞り込む

ある時期、僕はパワーをつけたいとか、ボールを遠くに飛ばしたいといった考えに取り憑《つ》かれていました。そうすると、そのことばかりずっと考えてしまうのです。

一つのテーマを絞り込んで粘り強く考え続ける。

(雑誌のインタビューで自分の性格について聞かれて語った言葉)

あきらめたくなるときが頑張りどころ。そこで粘れ!

イチローは自分にとっての最大の懸案事項を四六時中考え続ける能力が半《はん》端《ぱ》ではないのです。私たちは行動を起こすとき、その範囲を、どうしても「広く、浅く」を好みます。しかし、それで得られるものはあまり多くありません。それどころか、ただの気晴らしや自己満足に終わってしまうことも珍しくないのです。

イチローは自分が**追い求めるべきテーマを一点に絞り込んでそれを徹底して追究し続ける**覚悟ができています。そもそも人生における地道な努力がすぐに成果に結びつくことは少ないのです。

ところが、多くの人はちょっと努力して成果がすぐに表れないと、簡単に投げ出してしまいます。実は、あきらめて背を向けてしまったとたんに、「成功の扉」が音もなく開くことも珍しくないのです。知らずにそのまま去っていくとしたら、こんなもったいないことはありません。

ぜひあなたの子どもに自分の課題を一つずつ粘り強く克服することの大切さを強調してください。成功の女神は私たちの我慢強さを試しているのです。

教えのポイント㊸

もうひと頑張り

僕は風邪にも弱い、憂鬱《ゆううつ》になる……。不調のときは、「仕事なんだ」「責任がある」と奮い立たせるんです。

親の励ましがあきらめない子どもに育てる。

（仕事への取り組み方について語った言葉）

粘り強い子どもに育てる秘訣を教えよう。

粘り強さやあきらめない力は親が子どもに的確な指示をすることにより生まれてきます。

子どもに「もうひと頑張りしよう」とか、「あと1時間頑張ろう」といった励ましの言葉を頻繁に投げかけてあげましょう。

イチローは体調のわるいときでも自分で自分を奮い立たせて頑張ります。でも、**子どもが小さいうちは、「もうひと頑張り」と奮い立たせるのは、そのほとんどは親の役目です。**

時には、命令口調で叱咤することも必要だと私は考えています。テネシー大学のジェームス・マクナルティ博士は、高圧的に命令することは決してよくないことではなく、もちろん程度によりますが、特に相手が子どもの場合は、そうした態度によって、子どもが不満に感じることもなければ、人間関係がおかしくなることもない、と結論づけています。

親の励ましと叱咤によって、子どもは楽な道に流されず、粘り強さやあきらめない力を身につけることができるのです。

教えのポイント 54

「放任」か「強制」か

なんで僕が宿題をやることを大事だと思っているかというと……大人になると、必ず上司という人が現れて、なにかをやれと言われるときがくると思うのです。

放任主義では今の競争社会は戦えない。

（2003年シーズン終了後にやりたくないことをきっちりやることの大切さに触れて）

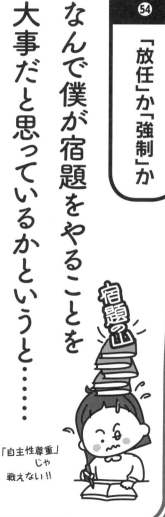

「自主性」を尊重すると子どもは成長しない!?

「放任主義で育てたほうがいい」とか、「子どもの自主性を尊重すべき」と主張する教育者は少なくありませんが、私はこれには疑問があります。

小さい子どもにあまり自主性を認め過ぎると、一言でいうと、怠惰な性格に育ってしまうからです。最初のうちは、それでもなんとか通用するかもしれませんが、いずれは目標をもって努力を怠らない子に追い越されてしまうでしょう。

子どもの自主性に委ねるのは、成長して高校生くらいになってからでも遅くありません。はっきり言って、小さいうちは、外からの「強制」がなければ子どもは成長しないのです。

ドイツのマックス・プランク研究所のスワンジェ・ディットマース博士はさまざまな中学校の生徒の成績を調べました。その結果、先生がたっぷり宿題を与えているクラスほど子どもの成績がよいことが判明したのです。こと学力においては、「放任主義」「自主性尊重」で戦えるほど、現在の競争社会は甘くないのです。

教えのポイント㊺

プロセスをほめる

僕はいつも一生懸命プレーしようとしているけど、今日は結果が出ませんでした。でも、そのことを悔やんでもいないし、恥ずかしいとも思っていません。なぜなら、全力を尽くしたからです。

結果が出なくても
全力でやった
プロセスをほめる

結果が出なかったときの叱責はタブー。

（連続試合安打が途切れたことについて語った言葉）

子どもが頑張っている プロセスをほめてあげよう。

結果がどうであれ、目の前の作業に全力を尽くす。繰り返しになりますが、これこそイチローを偉大なメジャーリーガーに仕立てた大きな要素です。

一方、私たちはどうでしょうか。

多くの親はテストや部活動の成績に過剰反応して、成績がわるかったり、試合で負けたりしたときに、いろんな原因を見つけ出して、そのことの反省を迫ったり、叱ってしまいがちです。

成績がよくなかったり、試合で負けたときこそ、そのプロセスをしっかりと観察してよかったところをほめてあげましょう。結果はすでに過去の遺物。それを取り上げて叱責してもよいことはありません。子どもはどんどん自信喪失していくだけです。

「算数の成績はよくなかったけれど、今回ほど勉強したことはなかったよ。次のテストに備えよう」とか、**「サッカーの試合では負けたけれど、必死にボールに食らいついていく姿勢は素晴らしかったよ!」**といった好ましいアドバイスをすることを忘れないでください。

第9章

「不安」や「恐怖」に負けない心の整え方

教えのポイント㊻

不安との接し方

不安ですけど、「どうしたらいい？」が活力です。自信満々より、不安のほうが、ずっといいんです。

不安があるから努力できる。

（2005年シーズン年頭に自分の野球哲学について語った言葉）

心の中の不安と友達になろう。

うまくいくシーンを思い描くだけなら、誰にでも簡単にできます。あるいは、成功するシーンを描くことも簡単です。しかし、大人になればわかることですが、この世の中は、うまくいくことの何倍ものうまくいかないことが存在するのです。

ノース・カロライナ大学のローゼンス・ザンナ博士は、楽観的な学生は、現実を見ようとせず、「自分はうまくいく」と思い込んでしまうので、試験勉強をおろそかにする傾向があると警告しています。

一方、悲観的な学生は、「勉強をしないと単位を落とす」と現実的に考えて努力を積み重ねることができるから、結局楽観主義者の学生よりも成績がよくなるというのです。

イチローにしても、次の試合でヒットを打てるか、不安に駆られるのはみんなと同じです。しかし、**不安があるから「どうしたらいい？」と考え、打開するための厳しい練習に明け暮れたからトップアスリートになれたのです。**

この事実を子どもに強調してください。

教えのポイント57

失敗へのフォロー

長く続く強い発見は、凡打をして、その凡打の理由がわかったときなのです。

失敗は学びの宝庫。

（2004年シーズン、ファンの前で語った言葉）

失敗して気持ちを切り替えるのは凡人、失敗に学んで一人前。

ヒットを打てば喜び、凡打になればガッカリする。これが人間の自然の感情かもしれません。

しかし、イチローは違います。ヒットから学ぶものは何もない。そうイチローは考えています。

だから、凡打に終わったとき、「なぜ凡打に終わったのか?」というテーマについて彼の脳が活発に働き出します。

なかには、「凡打を打ったとき、そのことはきっぱり忘れて気持ちを切り替えて次の打席に臨む」と考えているバッターがいるかもしれませんが、それでは進歩は望めません。経験から学ぶことを放棄しているからです。あるとき、イチローはこう語っています。

「少し感覚を失ったときにどういう自分でいられるかなのです。**苦しいですが、あきらめない姿勢があれば、何かをつかむきっかけになります」**

苦しい状況から逃げないで、その苦しさと真正面から向き合うことにより、あなたの子どもは、そこから必ず何かを学び取り、成長していきます。

教えのポイント58

不満の多い子へ

「さっきのボールだった」とか、そういうことを審判に言っても、自分にとっては絶対にプラスに働かないんですよね。

不満は自分のためにならない。

（雑誌のインタビューで「どうして審判に抗議しないのですか？」という質問に答えて）

不満ばかり
言ってないで
先に進もうよ…
不満
不満
不満
不満
不満

過去にこだわるから不満が起きる。

イチローが審判の判定に抗議しないのは、彼特有の思考パターンがそうさせています。

たとえば、自分が明らかに「ボール」だと思った球を審判が「ストライク」と判定したために、見送りの三振に終わったとします。並のバッターなら猛烈に抗議する場面です。

これはあくまでも私の推測に過ぎませんが、イチローはおそらく、次のような思考パターンをしているから抗議しないのです。

「ボールを判定するのはバッターの仕事ではなく、審判の仕事。『その審判がストライクと判定したボールを次の打席でヒットにするにはどうしたらいいか？』について考えたら、抗議する気になんかなれない」

宿題を出すのは先生の仕事。それに不満を言う暇があったらさっさと片付ける。部活動でコーチが厳しい練習メニューを課したら、文句を言う前にやり遂げた後の快感をしっかりイメージしてやり抜く。そういう思考パターンを持つことは、成長するために不可欠なポジティブ思考なのです。

教えのポイント 59

「恐怖」について

恐怖心を持っていない人は本物じゃない。その怖さを打ち消したいがために、練習するわけです。

明日を恐れるから人は努力する。

（2009年3月に行なわれた第2回WBCでのスランプのことを思い出して語った言葉）

明日への「恐怖」を抱えながら目の前の作業に集中しよう。

恐怖心が、イチローに妥協することを許さないのだと私は考えています。昨日はヒットを打てても「今日は打てないんじゃないか?」、今日は打ててても「明日は打てないんじゃないか」という恐怖心が、イチローを厳しい鍛練に駆り立て、それがプラスの結果を生み出していると言えなくないのです。

「もう打てないんじゃないかという恐怖は、常について回るんです。結果を残してきた人ほど不安と戦っているはずだし」

というイチローの言葉からもわかるように、言葉を変えれば、**恐怖としっかり向き合って格闘してきた人が、結果を出すのです。**

この厳しい競争社会では、いくら一流企業のビジネスマンであれ、あるいはイチローのようなトップアスリートであっても、明日が保障されているわけではありません。その意味では、誰であれ、「明日は我が身」の恐怖とともにあるのが現代人と言えます。

常に恐怖心を抱えながら目の前の作業にのめり込む。この姿勢を私たちはイチローから学べるのです。

教えのポイント⑥⓪

聞き分けのない子

誰かに教えてもらって「形」を作ってきたわけではなくて、自分でやりたい放題にやってきたのです。

なんでもいうことを聞く子は将来伸びない？

（2002年シーズンが終了した後、自分の野球観について語った言葉）

自分の好きにやる。そこで失敗するプロセスから学ぼう。

一流のアスリートには、人から教えられたり、強制されたりすることを極端に嫌う傾向があります。偉くなったために尊大になり、他人の意見に耳を貸そうとしないということではありません。これはイチローに限らず、他の一流アスリートにも共通する「資質」といっていいでしょう。

ドイツの心理学者ヘッツァーは、2歳から5歳の幼児を対象に、強い反抗を示した「聞きわけのない子」100人と、「聞きわけのある素直な子」100人を青年期まで追跡調査しました。

その結果、「聞きわけのない子」の84%は意思が強く、しっかりした判断力もある大人に成長したのに対し、聞きわけのよい子どもはたった24%しか、そのような青年に成長しなかったのです。

ときには教える側に反抗し、「やりたい放題」の一面があるくらいがちょうどいいのです。もちろん、やりたい放題で、なんでもうまくいくわけがありません。ただ、**自らの判断で行動した結果失敗して痛い目にあう、そこから学んでいくというプロセスが大事なのです。**

第10章

「自分」を信じることのすごいパワー

教えのポイント61

目立て！

強いチームには当然、優秀な選手が集まるでしょ。そこで目立たない選手でいるよりも、自分が目立つチームのほうがいい。自分の力で甲子園に行き、勝つ。そのほうがかっこいいじゃないですか。

堂々と自己PRできる人が成功する時代。

（雑誌のインタビューで愛工大名電高校に入学して野球部に入ったことに触れて）

「控えめは美徳」は時代遅れ、「目立ってナンボ」の時代。

日本ではまだまだ「控え目は美徳」という風潮がまかり通っています。言い換えれば、控え目な人は人間ができていると評価され、逆に、目立つ人は、でしゃばりだ、自己チュウだと疎まれる傾向があります。

しかし、もはや時代は変わりつつあります。人との付き合いにおいてはともかく、少なくとも仕事においては、自信を持って自分を強くアピールすることが求められる時代に突入しているのです。

欧米社会では、自分を売り込むことをしない人は、それだけで「自信がなく、能力が不足している人」というレッテルを貼られてしまいます。

学校の行事や習い事の発表会などで、堂々と自分をアピールできる子どもに育ててください。それには、学科や部活、習い事などを通じて、一つでも結構ですから、子どもに得意なものを持たせることです。

これからの時代は、得意なものが〝飯のタネ〟になります。堂々と自己アピールできる人だけが成功できる時代。「出る杭は打たれる」という格言がありますが、「出る杭」になることが求められているのです。

教えのポイント㊷

アドバイスの受け止め方

人のアドバイスを聞いているようでは、どんどんわるいほうに行きます。

自分の考えを主張することの大切さ。

（2004年10月、シーズン通算257安打の記録を更新した後の記者会見で語った言葉）

「イヤなことはイヤ」と言える子に育てよう。

ヒットが打てなくなると、並の選手はコーチのアドバイスを安易に受け入れてバッティングフォームを変えてしまいます。

イチローは違います。ヒットが打てないのはフォームに問題があるのではなく、むしろ自分のメンタルに原因があると考え、そこに打てない理由を求めようとします。

私たち日本人は、親や先生のアドバイスをよく聞く子どもを「よい子」とする傾向があります。しかし、なんでもハイハイと受け入れる子どもは、周りの大人からは素直だとほめられるでしょうが、成長するにしたがって、受け身で、自分でものを考えない子どもに育っていきます。

たとえ目上の人のアドバイスでも、納得できないものであれば受け入れられないと、きちんと主張できる子どもに育てましょう。

「僕はこう考えている」「私はそうは思わない」と意思表示し、**「イヤなことはイヤ」と拒否できるたくましさは、勉強や習い事に必要なだけでなく、いじめ防止にもつながる、人間に不可欠な資質なのです。**

教えのポイント
63

自分を信じる

僕、一貫性ないの嫌いなんです。

妥協せず、一貫性を持つ。

（2009年が始まる前のオフに雑誌のインタビューで語った言葉）

自分の信念や感性を頼りに行動する。

自分で決めた一つの道を真っ直ぐに歩み続けることは私たちの想像以上に簡単ではありません。私たちは案外簡単に「妥協」して横道にそれてしまいます。一貫性を持つということは、即ち妥協しないこと。

まだイチローが一流のプロ野球選手になる前のこと。オリックス・ブルーウェーブ（現オリックス・バファローズ）に入団して2年目のシーズン、イチローは一軍と二軍の間を3回も行ったり来たりしています。しかも、シーズン終盤になって当時の一軍のバッティングコーチがイチローにこうささやいたといいます。

「これが最後のチャンスだ。オレの言うことを聞くなら教えてやる。聞かないなら勝手に自分でやれ」

イチローはきっぱり「聞きません」と返答して次の日から二軍に合流しました。自分が納得できないものを安易に受け入れたとき、後悔するのは自分自身。**自らの信念や感性だけを頼りにして行動する習慣をつけさせることが、あなたの子どもに一生ものの才能を授けてくれるのです。**

教えのポイント
64

個性を育てる

いつも人と違うことをしたい。人と同じ方向を見ない。人が変わるなら僕は変わらない。人が変わらないなら僕は変わる。

没個性な替えのきく優等生の時代は終わった。

（2004年、自分の人生観について語った言葉）

「みんなと同じだから安心」という意識を捨てよう。

これからの時代は、画一的で没個性な「金太郎飴のような優等生」は通用しません。その他大勢とは異なる自分だけのスキルや得意技を持った人間が重用される時代になるのは間違いないのです。AI（人工知能）の急速な発達により、**あなたの子どもが大人になる頃には多くの職業がAIに取って代わられるという予測もあります。**

オックスフォード大学のマイケル・オズボーン准教授は、今後10～20年で47％の仕事が機械に取って代わられると予測しています。あるいは、『週刊ダイヤモンド』のデータで、機械が奪う職業ランキング（米国）のトップ3は、1位：小売店販売員、2位：会計士、3位：一般事務員をリストアップしています。

確かに、人と同じことをして横並びの意識で生きていくことは楽です。しかし、それではこれからの時代で頭角を表すことは難しくなります。**子どもの興味の対象を見極めて的確なアドバイスをし、誰も真似のできない能力を開花させてやるのは、子育ての最重要テーマの一つです。**

教えのポイント 65

自信の効用

「できなくてもしょうがない」は、終わってから思うことであって、途中にそれを思ったら、絶対に達成できません。

あなたの成績はこんなものじゃない。

（壁にぶち当たったときの心構えについて語った言葉）

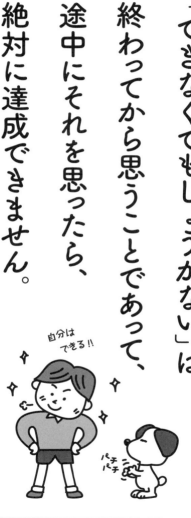

思い込みでもOK。自信が道を切り開く。

イチローがこう言い切れるのは、もちろん、自分なら達成できるという自信があり、そう思い込んでいるからです。自信とは自分を信じることであり、精一杯自分に期待することです。

オリンピックで通算４個の金メダルを獲得した競泳界のスーパースター、北島康介選手もこう語っています。

「すげえ自信をもっていないと、やっぱまずいじゃないですか」

自信をもっている子どものほうが、成績がよいことが心理学の実験により判明しています。 カリフォルニア大学のリサ・ファスト博士は、小学４年生から６年生の１１６３名の調査をしました。結果「自分はできる」という自信を持っている生徒ほど学校の成績がよいことが判明しました。

あなたの子どもに自信をつけるために親が普段からできることの第一は、「あなたの成績はこんなものじゃない」といった前向きのアドバイスをしてあげること。 そうやって、子どもの自信のタンクを満たしてあげるようにしてください。

教えのポイント㊻

勝ちにこだわらない

僕は人に勝つための価値観で野球をやっているのではありません。

相手を打ち負かすという発想を捨てる。

（2002年シーズン終了後、自分の抱いている野球観について語った言葉）

他人に勝つことより自分が成長することを目標にしよう。

40歳を超えてなお、イチローを野球に全力で取り組ませているのは、キャリアを終えるまでに「最高の自分を見たい！」という欲望です。すでに彼には「相手を打ち負かしてやる」という発想がありません。自分の持てる能力を目一杯発揮するという意識で打席に立っています。逆に言えば、だからこそ、難しいボールが来てもヒットにできるのです。

イチローは徹底したプロセス志向です。今、ベストを尽くすこと、自分が1ミリでも成長することに価値を見出します。結果としてライバルに勝つかもしれませんが、それはあくまで結果に過ぎません。**イチローのように、人に勝つためではなく、自分がどれくらい成長したかということに価値を見出せるようになれば、あなたの子どもは着実に成長します。**

勝った負けたに一喜一憂していると、そのたびにモチベーションが上下して安定しなくなります。これでは長いレースに立ち向かえません。

ただひたすら自分を成長させることに全力を尽くす。そのことに喜びを見出す。そうなれば、結果としてライバルを打ち負かすこともできるのです。

■主な参考文献

『イチロー思考　孤高を貫き、成功をつかむ77の工夫』児玉光雄著（東邦出版）

『イチロー・インタビュー』小松成美著（新潮社）

『イチロー、聖地へ』石田雄太著（文藝春秋）

『キャッチボール　ICHIRO meets you』糸井重里監修（ぴあ）

『イチロー×北野武キャッチボール』イチロー・北野武著（ぴあ）

『自分の才能に気づく55の方法』中谷彰宏著（海竜社）

『イチローの流儀』小西慶三著（新潮社）

『本番に強い子に育てるコーチング』児玉光雄著（河出書房新社）

『夢をつかむイチロー262のメッセージ』（ぴあ）

『未来をかえるイチロー262のNextメッセージ』（ぴあ）

『あなたはできる　運命が変わる7つのステップ』ジョエル・オスティーン著（PHP研究所）

『努力が報われる人の心理学』内藤誼人著（PHP研究所）

『子どもの才能を150%引き出すパワーラーニング』内藤誼人著（PHP研究所）

『モチベーション3・0』ダニエル・ピンク著（講談社）

雑誌『Number』（文藝春秋）

雑誌『週刊ベースボール』（ベースボール・マガジン社）

才能をグングン伸ばす子育て
～「イチローの言葉66」から学ぶ～

2018年 5月30日　第一刷発行

著　者　児玉光雄
発行人　出口汪
発行所　株式会社 水王舎
東京都新宿区西新宿6-15-1
ラ・トゥール新宿511 〒160-0023
電話 03-5909-8920
本文印刷　厚徳社
カバー印刷　歩プロセス
製　本　ナショナル製本
本文デザイン・ＤＴＰ・イラスト／桜井勝志（アミークス）
カバーデザイン　根本眞一（クリエイティブ・コンセプト）
編集協力　江渕眞人（コーエン企画）
編集統括　瀬戸起彦（水王舎）

乱丁・落丁本はお取替えいたします。

ISBN978-4-86470-101-3
http//www.suiohsha.jp

定価（本体 1300 円＋税）ISBN978-4-86470-022-1